escuela - School	2
viaje - Törn	5
transporte - Transport	8
ciudad - Stadt	10
paisaje - Landschop	14
restaurante - Spieslokal	17
supermercado - Supermarkt	20
bebida - Drünk	22
comida - Eten	23
granja - Buernhoff	27
casa - Huus	31
cuarto de estar - Wahnstuuv	33
cocina - Köök	35
cuarto de baño - Baadstuuv	38
cuarto de los niños - Kinnerstuuv	42
vestimenta - Tüüch	44
oficina - Büro	49
economía - Weertschop	51
ocupaciones - Profeschonen	53
herramientas - Warktüüch	56
instrumentos musicales - Musikinstrumenten	57
zoológico - Deertenpark	59
deporte - Sport	62
actividades - Aktivitäten	63
familia - Familje	67
cuerpo - Lief	68
hospital - Krankenhuus	72
emergencia - Nootfall	76
Tierra - Eerd	77
reloj - Klock	79
semana - Week	80
año - Johr	81
formas - Formen	83
colores - Farven	84
opuestos - Gegendelen	85
números - Tallen	88
idiomas - Spraken	90
quién / qué / cómo - wokeen / wat / wo	91
donde - wo	92

Impressum
Verlag: BABADADA GmbH, Nedderfeld 112 , 22529 Hamburg
Geschäftsführer / Verlagsleitung: Harald Hof
Druck: Books on Demand GmbH, In de Tarpen 42, 22848 Norderstedt

Imprint
Publisher: BABADADA GmbH, Nedderfeld 112 , 22529 Hamburg, Germany
Managing Director / Publishing direction: Harald Hof
Print: Books on Demand GmbH, In de Tarpen 42, 22848 Norderstedt, Germany

escuela
School

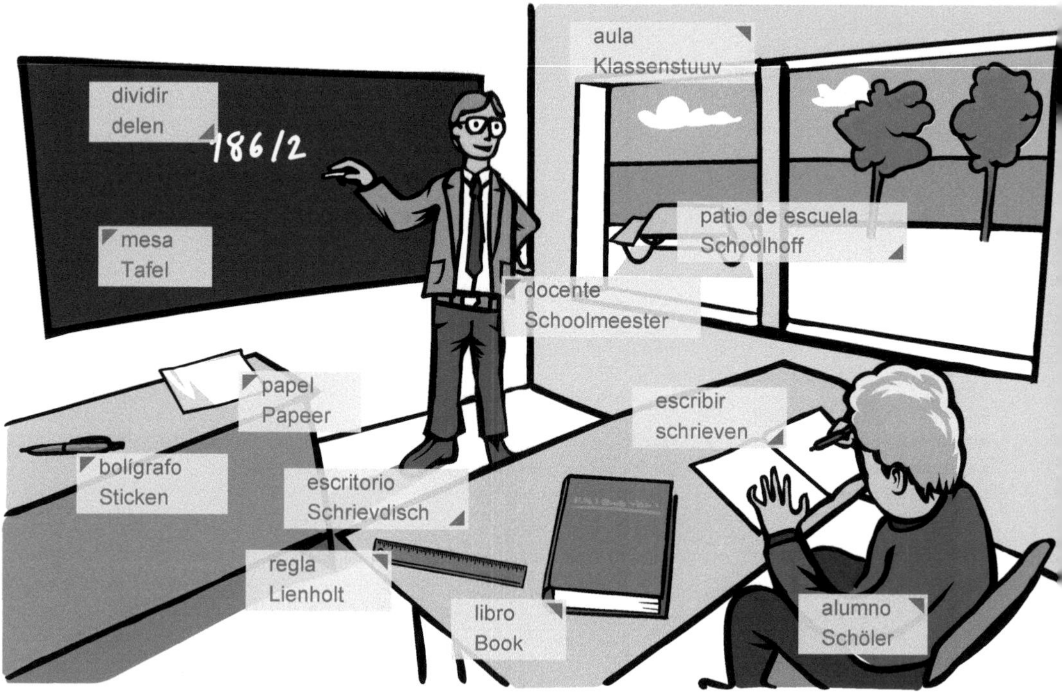
aula
Klassenstuuv
dividir
delen
186/2
mesa
Tafel
patio de escuela
Schoolhoff
docente
Schoolmeester
papel
Papeer
escribir
schrieven
bolígrafo
Sticken
escritorio
Schrievdisch
regla
Lienholt
libro
Book
alumno
Schöler

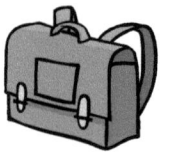

mochila escolar

Ranzel

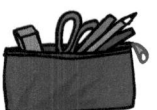

caja de lápices

Feddermapp

lápiz

Bleesticken

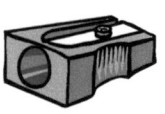

sacapuntas

Scharpmaker

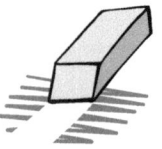

goma de borrar

Radeergummi

bloc de dibujo

Tekenblock

dibujo
Teken

pincel
Pinsel

caja de pinturas
Malkassen

tijera
Scheer

pegamento
Klever

libro de ejercicios
Heft to'n Öven

tarea
Huusopgaav

número
Tall

sumar
tohooptellen

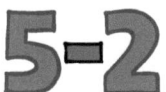

restar
aftrecken

multiplicar
malnehmen

calcular
reken

letra
Bookstaav

alfabeto
ABC

palabra
Woort

texto

Text

leer

lesen

tiza

Kried

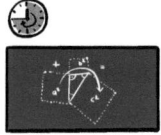

lección

Stunn

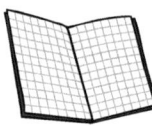

libro de clase

Klassenbook

examen

Pröven

certificado

Tüügnis

uniforme escolar

Schooluniform

educación

Utbillen

enciclopedia

Nakieksel

universidad

Universität

microscopio

Mikroskop

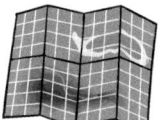

mapa

Koort

cesto de papeles

Papeerkorf

viaje
Törn

hotel
Hotel
Grand
albergue
Harbarg
ROOMS
casa de cambio
Wesselstuuv
maleta
Kuffer
auto
Auto

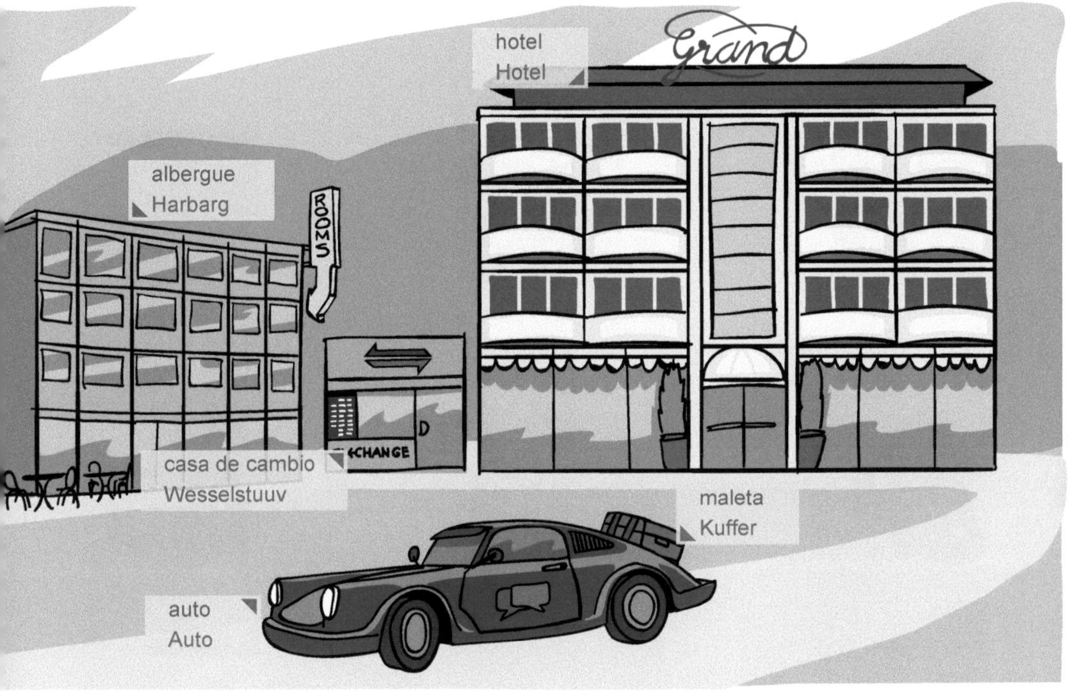

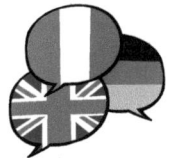

idioma

Spraak

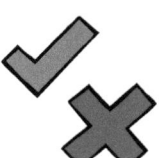

sí / no

jo / ne

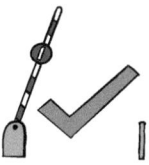

ok

Jo

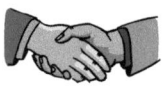

hola

Moin

intérprete

Översetter

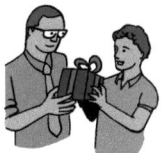

gracias

Dank ok

¿Cuánto cuesta...?

Wat kost...?

No entiendo

Ik verstah nich

problema

Problem

¡Buenas tardes!

Goden Avend

¡Buenos días!

Moin!

¡Buenas noches!

Gode Nacht!

adiós

Tschüüs

dirección

Richt

equipaje

Bagaasch

bolso

Tasch

mochila

Rüchsack

invitado

Gast

cuarto

Stuuv

saco de dormir

Slaapsack

tienda de campaña

Telt

información al turista

Touristeninformatschoon

playa

Strand

tarjeta de crédito

Kreditkoort

desayuno

Fröhstück

almuerzo

Meddageten

cena

Avendeten

pasaje

Fohrkort

ascensor

Fohrstohl

sello

Breefmark

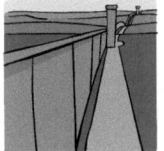

límite

Grenz

aduana

Toll

embajada

Bottschop

visa

Visum

pasaporte

Pass

transporte
Transport

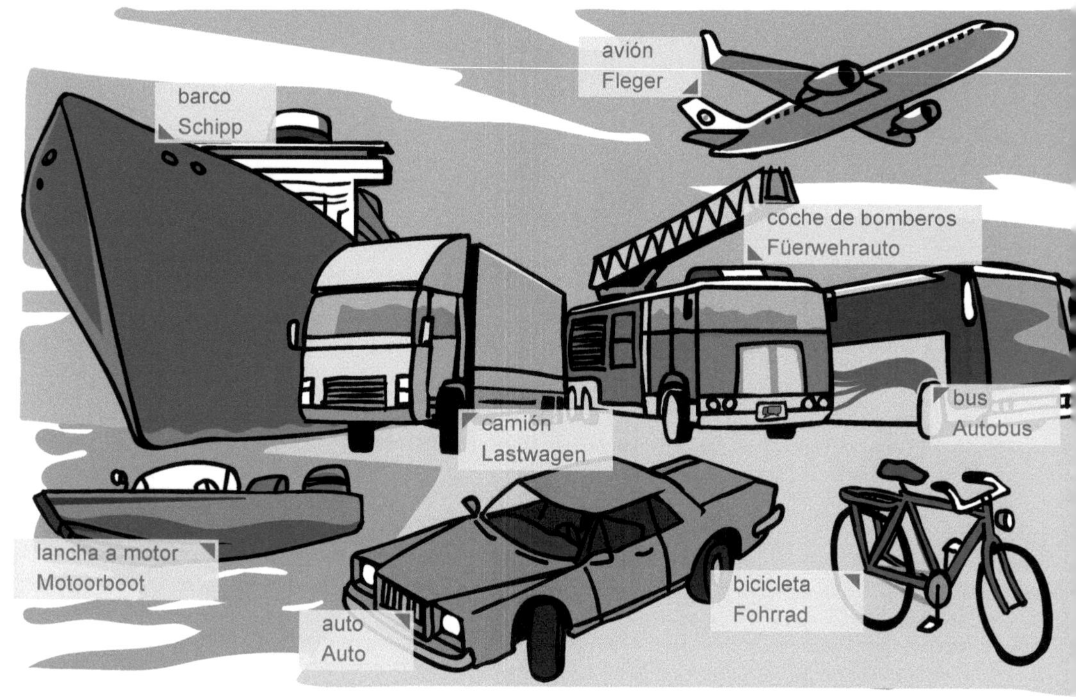
avión
Fleger
barco
Schipp
coche de bomberos
Füerwehrauto
bus
Autobus
camión
Lastwagen
lancha a motor
Motoorboot
bicicleta
Fohrrad
auto
Auto

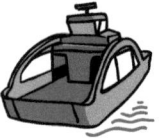

balsa

Fähr

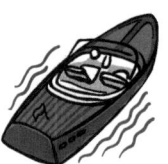

lancha

Boot

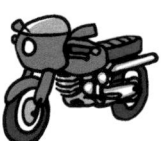

motocicleta

Motoorrad

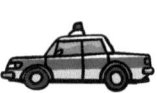

auto de policía

Polizeiauto

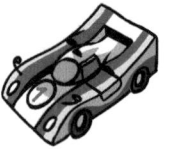

auto de carreras

Rönnauto

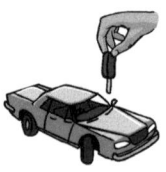

auto de alquiler

Lehnwagen

alquiler de autos

Carsharing

grúa

Afsleepwagen

vehículo recolector de basura

Müllauto

motor

Motoor

gasolina

Kraftstoff

gasolinera

Tanksteed

señal de tráfico

Verkehrsschild

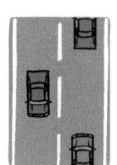

tránsito

Verkehr

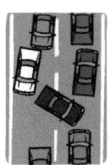

atasco

Stau

estacionamiento

Afstellplatz

estación de tren

Bahnhoff

carril

Sporen

tren

Tog

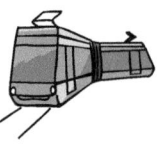

tranvía

Stratenbahn

vagón

Wagon

helicóptero
Dwarsmöhl

aeropuerto
Flooghaven

torre
Tower

pasajero
Fohrgast

contenedor
Grootkist

caja de cartón
Karton

carro
Koor

cesta
Korf

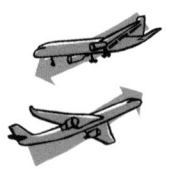

despegar / aterrizar
starten / lannen

ciudad

Stadt

aldea
Dörp

centro de la ciudad
Binnenstadt

casa
Huus

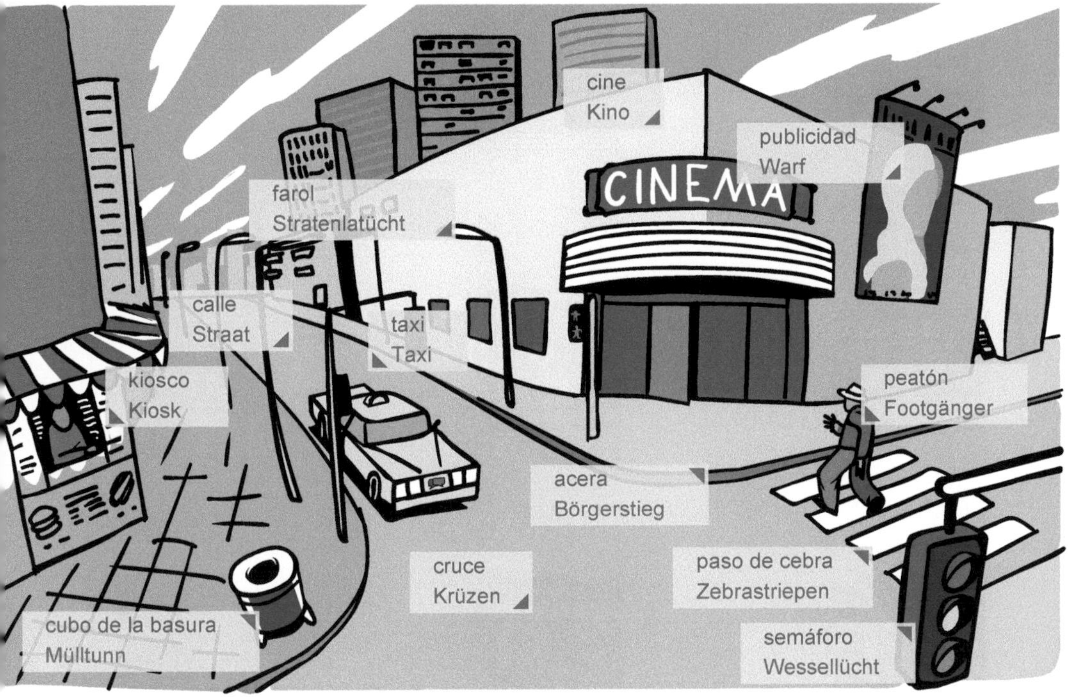
cine
Kino
publicidad
Warf
CINEMA
farol
Stratenlatücht
calle
Straat
taxi
Taxi
kiosco
Kiosk
peatón
Footgänger
acera
Börgerstieg
cruce
Krüzen
paso de cebra
Zebrastriepen
cubo de la basura
Mülltunn
semáforo
Wessellücht

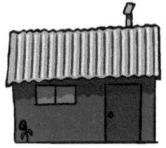

cabaña

Hütt

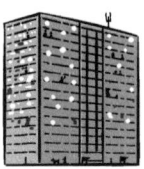

apartamento

Wahnung

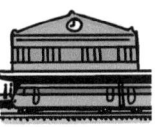

estación de tren

Bahnhoff

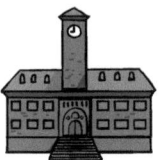

ayuntamiento

Raathuus

MUSEUM

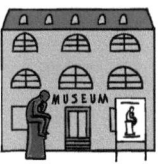

museo

Museum

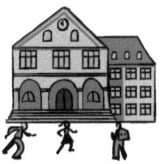

escuela

School

universidad
Universität

banco
Bank

hospital
Krankenhuus

hotel
Hotel

farmacia
Afteek

oficina
Büro

librería
Bookhökerie

negocio
Hökerie

florería
Blomenhökerie

supermercado
Supermarkt

mercado
Markt

grandes almacenes
Koophuus

pescadería
Fischhökerie

centro comercial
Inkoopszentrum

puerto
Haven

parque

Parkanlaag

banco

Bank

puente

Brüch

escalera

Trepp

metro

Ünnergrundbahn

túnel

Tunnel

parada de autobuses

Busstoppsteed

bar

Bar

restaurante

Spieslokal

buzón de correo

Breefkassen

letrero

Stratenschild

parquímetro

Parkklock

zoológico

Deertenpark

piscina

Baadanstalt

mezquita

Moschee

granja
Buernhoff

polución
Ümweltversmudden

cementerio
Karkhoff

iglesia
Kark

parque infantil
Speelplatz

templo
Tempel

paisaje
Landschop

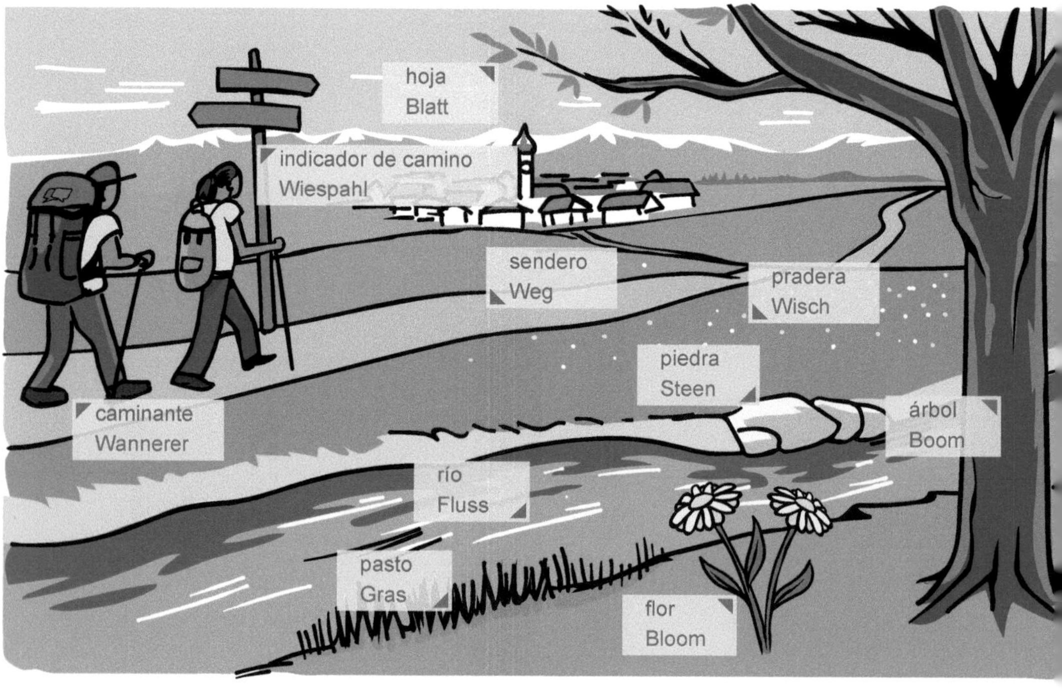

hoja
Blatt

indicador de camino
Wiespahl

sendero
Weg

pradera
Wisch

piedra
Steen

caminante
Wannerer

árbol
Boom

río
Fluss

pasto
Gras

flor
Bloom

valle

Daal

montaña

Barg

lago

See

bosque

Holt

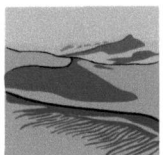

desierto

Wööst

volcán

Füerspien Barg

castillo

Slott

arco iris

Regenbagen

seta

Poggenstohl

palmera

Palm

mosquito

Steekmück

mosca

Fleeg

hormiga

Miegeemk

abeja

Imm

araña

Spinn

escarabajo

Sebber

rana

Pogg

ardilla

Katteker

erizo

Swienegel

liebre

Haas

lechuza

Uul

pájaro

Vagel

cisne

Swaan

jabalí

Wildswien

ciervo

Hirsch

alce

Elk

embalse

Staudamm

aerogenerador

Windrad

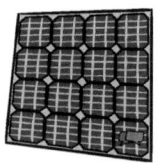

módulo solar

Solarmodul

clima

Klima

restaurante
Spieslokal

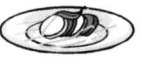

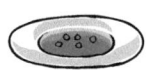

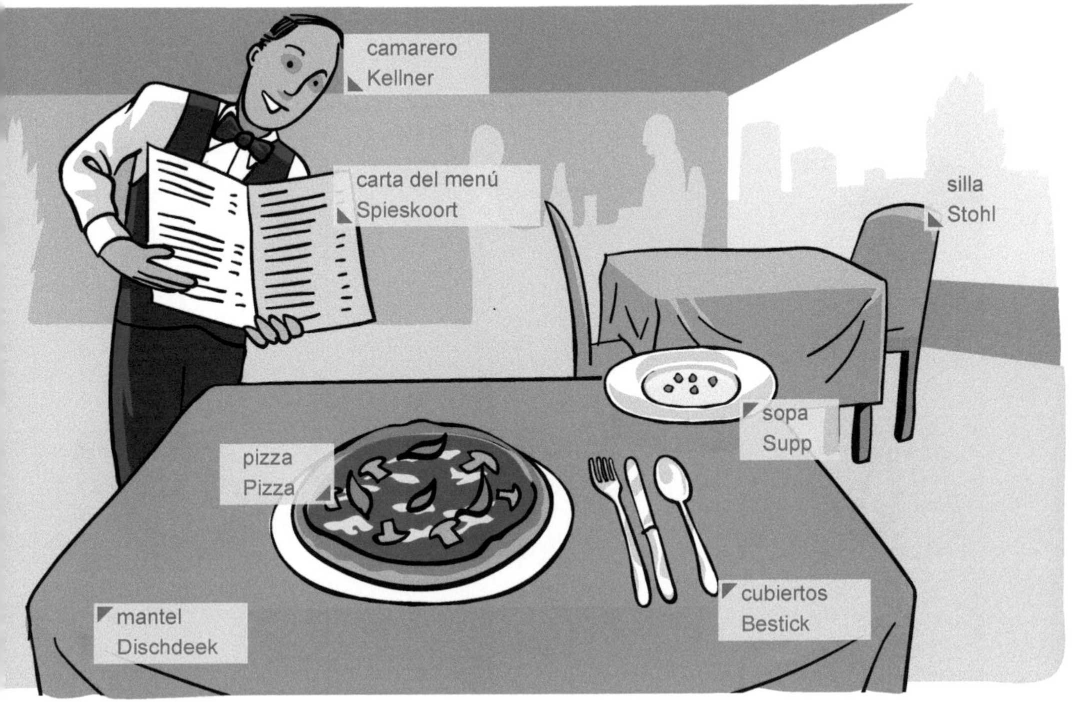

camarero
Kellner
carta del menú
Spieskoort
silla
Stohl
sopa
Supp
pizza
Pizza
cubiertos
Bestick
mantel
Dischdeek

entrada
Vörspies

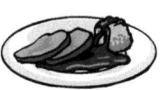

plato principal
Haupteten

postre
Nadisch

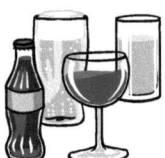

bebida
Drünk

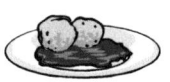

comida
Eten

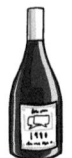

botella
Buddel

comida rápida

Fastfood

comida callejera

Strateneten

tetera

Teekann

azucarera

Zuckerdoos

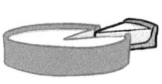

porción

Portschoon

máquina de espresso

Espressomaschien

silla alta

Hoochstohl

factura

Reken

bandeja

Tablett

cuchillo

Mess

tenedor

Gavel

cuchara

Lepel

cuchara de té

Teelepel

servilleta

Munddook

vaso

Glas

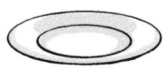

plato

Töller

plato de sopa

Suppentöller

platillo

Ünnertass

salsa

Sooß

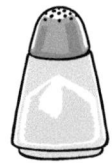

salero

Soltstreuer

molinillo para pimienta

Pepermöhl

vinagre

Etig

aceite

Ööl

especias

Krüder

ketchup

Ketchup

mostaza

Mostrich

mayonesa

Mayonnaise

supermercado
Supermarkt

oferta
Anbott
FOR
cliente
Kunn
productos lácteos
Melkprodukten
fruta
Aaft
carrito de compras
Inkoopswagen

BUTCHERS

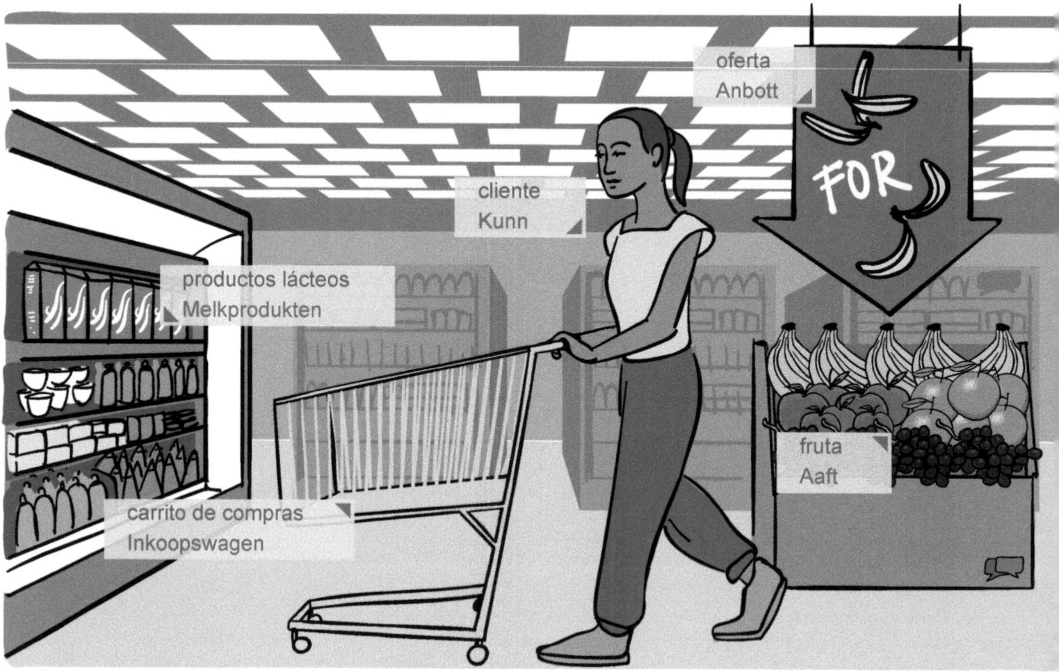

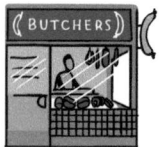

carnicería

Slachterie

BAKERY

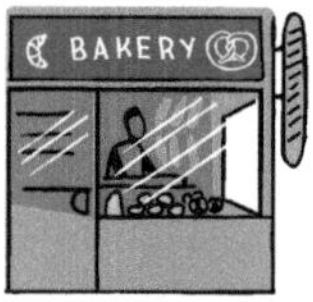

panadería

Bäckerie

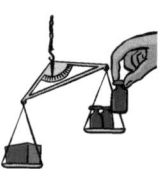

pesar

wegen

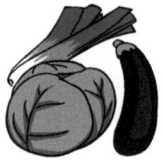

verdura

Gröönsaken

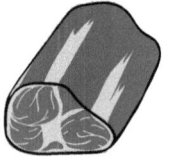

carne

Fleesch

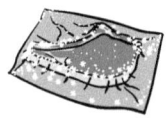

alimentos congelados

Deepköhlkost

fiambre

Opsnitt

conservas

Konserven

detergente en polvo

Waschmiddel

dulces

Snoopkraam

artículos domésticos

Huushooltssaken

productos de limpieza

Reinmaaktüüch

vendedora

Verköpersche

caja

Kass

cajero

Kasserer

lista de compras

Inkoopslist

horario de atención

Opsparrtieden

cartera

Breeftasch

tarjeta de crédito

Kreditkoort

maleta

Tasch

bolsa plástica

Plastiktüüt

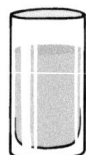

agua

Water

jugo

Saft

leche

Melk

refresco de cola

Cola

vino

Wien

cerveza

Beer

alcohol

Spriet

cacao

Kakao

té

Tee

café

Koffie

espresso

Espresso

cappuccino

Cappucino

banana

Banaan

manzana

Appel

naranja

Appelsien

sandía

Meloon

limón

Zitroon

zanahoria

Wöttel

ajo

Knuuvlook

bambú

Bambus

cebolla

Zibbel

seta

Poggenstohl

nueces

Nööt

fideos

Nudeln

espagueti

Spaghetti

arroz

Ries

ensalada

Salat

patatas fritas

Pommes frites

patatas salteadas

Braadkantüffeln

pizza

Pizza

hamburguesa

Hamborger

sándwich

Sandwich

escalope

Snitzel

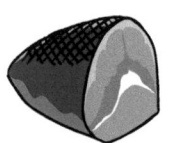

jamón

Schinken

salame

Salami

embutido

Wust

pollo

Hohn

asado

Braden

pescado

Fisch

copos de avena

Haverflocken

musli

Müsli

copos de maíz tostado

Cornflakes

harina

Mehl

croissant

Croissant

panecillo

Rundstück

pan

Broot

tostada

Toast

galletas

Keksen

mantequilla

Botter

cuajada

Quark

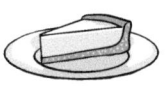

pastel

Koken

huevo

Ei

huevo frito

Spegelei

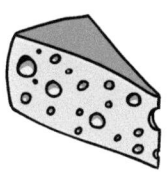

queso

Kees

helado
les

azúcar
Zucker

miel
Honnig

mermelada
Marmelaad

praliné
Nougat-Creme

curry
Curry

granja
Buernhoff

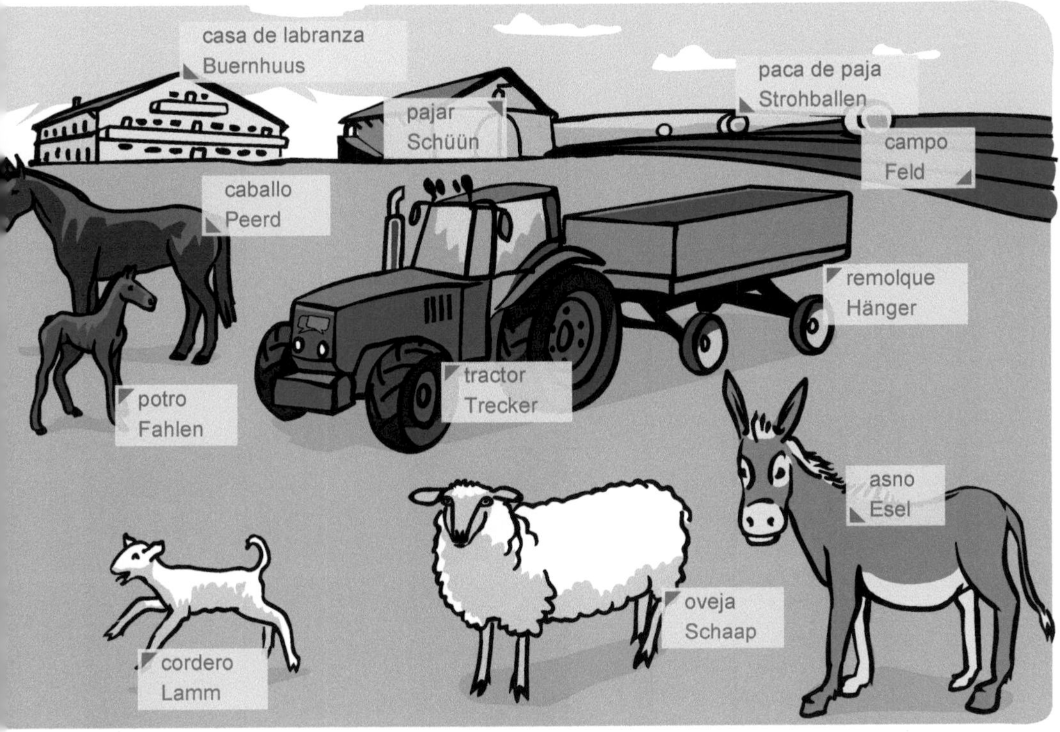
casa de labranza
Buernhuus
pajar
Schüün
paca de paja
Strohballen
campo
Feld
caballo
Peerd
remolque
Hänger
tractor
Trecker
potro
Fahlen
asno
Esel
oveja
Schaap
cordero
Lamm

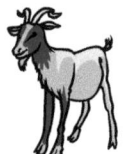

cabra
Zeeg

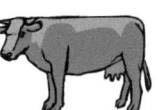

vaca
Koh

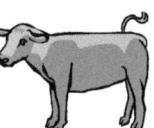

ternero
Kalf

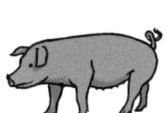

cerdo
Swien

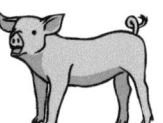

lechón
Farken

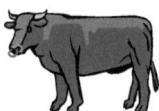

toro
Bull

ganso

Goos

pato

Aant

polluelo

Küken

pollo

Hohn

gallo

Hahn

rata

Rott

gato

Katt

ratón

Muus

buey

Oss

perro

Hund

caseta del perro

Hunnenhütt

manguera de riego

Goornslauch

regadera

Geetkann

guadaña

Lee

arado

Ploog

hoz

Sich

azada

Hack

bieldo

Mestfork

hacha

Ext

carretilla

Schuufkoor

abrevadero

Trog

lechera

Melkkann

saco

Sack

cerca

Tuun

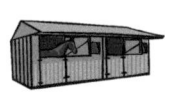

establo

Stall

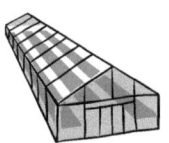

invernadero

Drievhuus

suelo

Bodden

semilla

Saat

fertilizante

Dünger

cosechadora

Meihdöscher

cosechar

oornen

cosecha

Oorn

raíz de ñame

Yamswöttel

trigo

Weten

soja

Soja

patata

Kantüffel

maíz

Törksche Weten

colza

Rapp

Árbol frutal

Aaftboom

mandioca

Troopsch Kantüffel

cereales

Koorn

casa
Huus

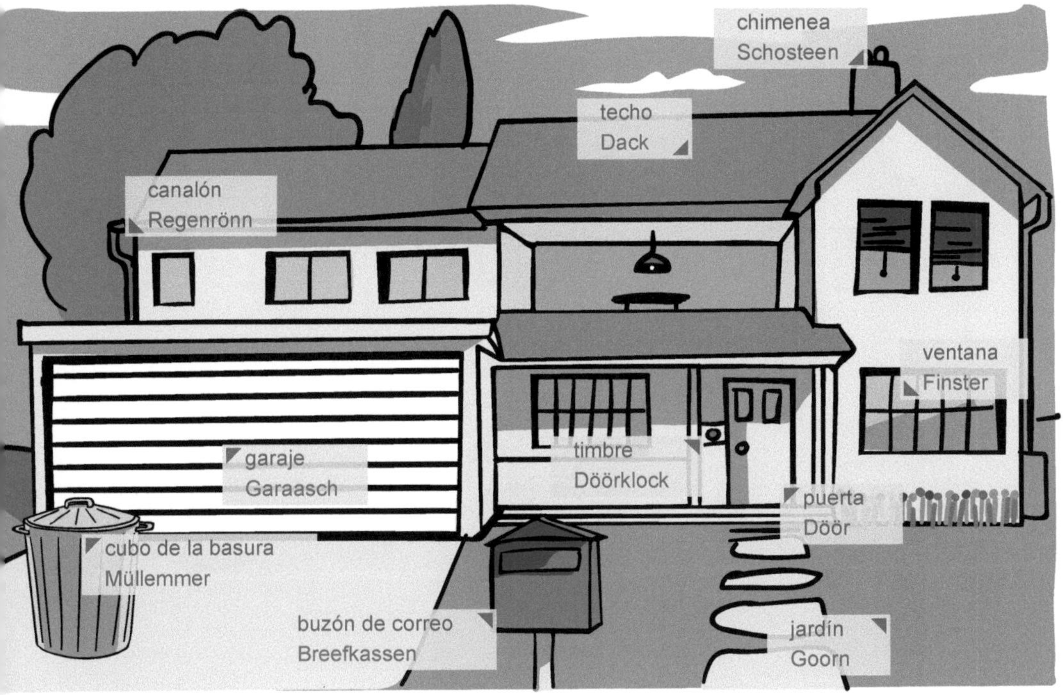

chimenea
Schosteen
techo
Dack
canalón
Regenrönn
ventana
Finster
garaje
Garaasch
timbre
Döörklock
puerta
Döör
cubo de la basura
Müllemmer
buzón de correo
Breefkassen
jardín
Goorn

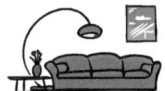

cuarto de estar
Wahnstuuv

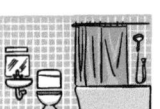

cuarto de baño
Baadstuuv

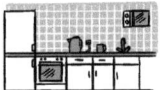

cocina
Köök

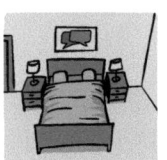

dormitorio
Slaapstuuv

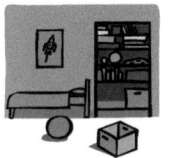

cuarto de los niños
Kinnerstuuv

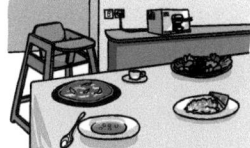

comedor
Eetstuuv

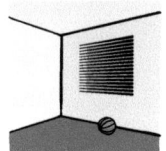

piso

Footbodden

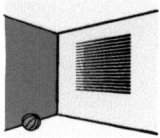

pared

Wand

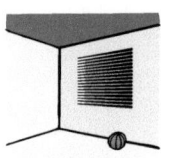

cielorraso

Deek

sótano

Keller

sauna

Hittluftbad

balcón

Balkon

terraza

Terrass

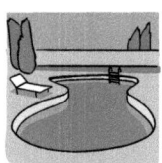

piscina

Swümmbad

cortacésped

Rasenmeiher

funda nórdica

Bettbetog

edredón

Bettdeek

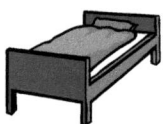

cama

Puuch

escoba

Bessen

cubo

Emmer

interruptor

Schalter

cuarto de estar
Wahnstuuv

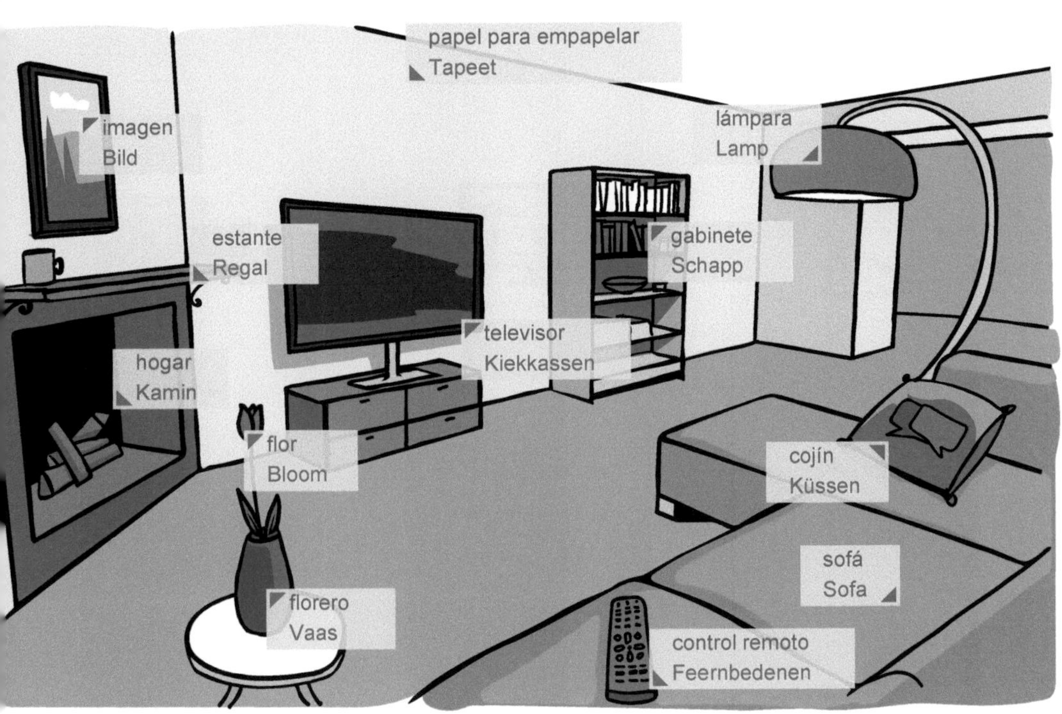

papel para empapelar
Tapeet
imagen
Bild
lámpara
Lamp
estante
Regal
gabinete
Schapp
televisor
Kiekkassen
hogar
Kamin
flor
Bloom
cojín
Küssen
sofá
Sofa
florero
Vaas
control remoto
Feernbedenen

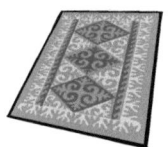

alfombra

Teppich

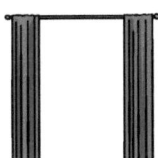

cortina

Vörhang

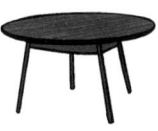

mesa

Disch

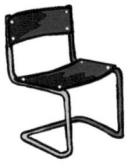

silla

Stohl

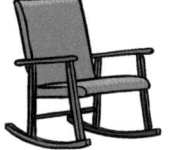

mecedora

Schuckelstohl

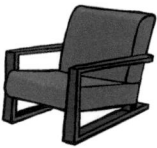

sillón

Sessel

libro

Book

frazada

Deek

decoración

Dekoratschoon

leña

Füerholt

film

Film

equipo estereofónico

Stereoanlaag

llave

Slötel

periódico

Narichtenblatt

cuadro

Gemälde

póster

Poster

radio

Radio

bloc de notas

Opschrievblock

aspiradora

Huulbessen

cactus

Kaktus

vela

Kars

cocina
Köök

nevera
Köhlschapp
horno microondas
Mikrowell
balanza de cocina
Kökenwaag
tostador
Toaster
detergente
Reinmaakmiddel
horno
Backaven
congelador
Gefreerfack
cubo de la basura
Müllemmer
lavaplatos
Opwaschmaschien

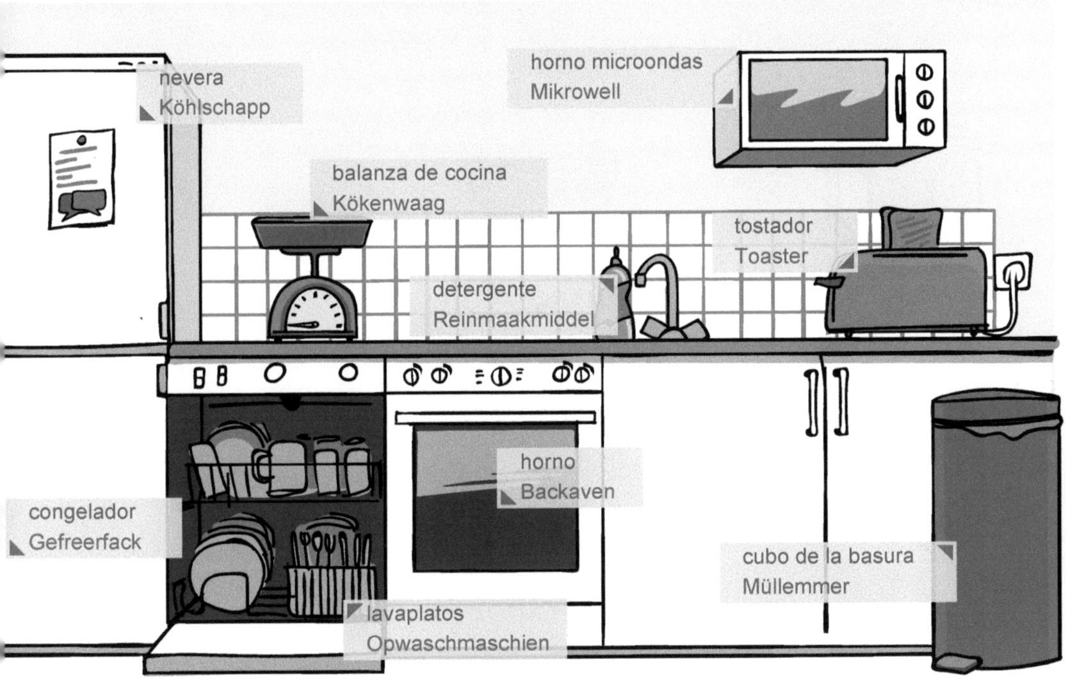

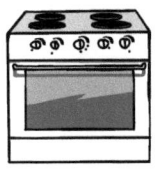

cocina
Heerd

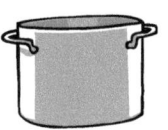

olla
Pott

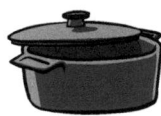

olla de fundición de hierro
Gussiesern Putt

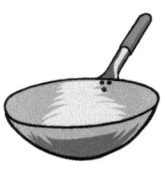

wok / kadai
Wok / Kadai

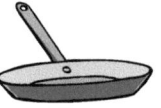

sartén
Pann

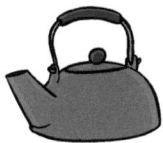

hervidor de agua
Waterkaker

olla de vapor

Dampkaakputt

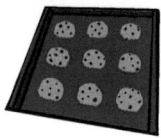

bandeja de horno

Backblick

vajilla

Geschirr

vaso

Beker

bol

Schaal

palillos para comer

Eetsticken

cucharón de sopa

Suppenkell

espátula

Pannenwenner

batidor

Sneebessen

colador

Kaakseef

cedazo

Seef

rallador

Riev

mortero

Mörser

parrillada

Grill

fogata

Füerstell

tabla de picar

Sniedbrett

rodillo

Nudelholt

sacacorchos

Proppentrecker

lata

Doos

abrelatas

Dosenaapner

agarrador

Pottlappen

fregadero

Waschbecken

cepillo

Böst

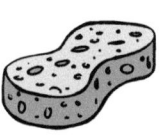

esponja

Swamm

batidora

Mixer

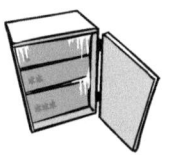

arcón congelador

lesschapp

biberón

Nuckelbuddel

grifo

Waterhahn

cuarto de baño
Baadstuuv

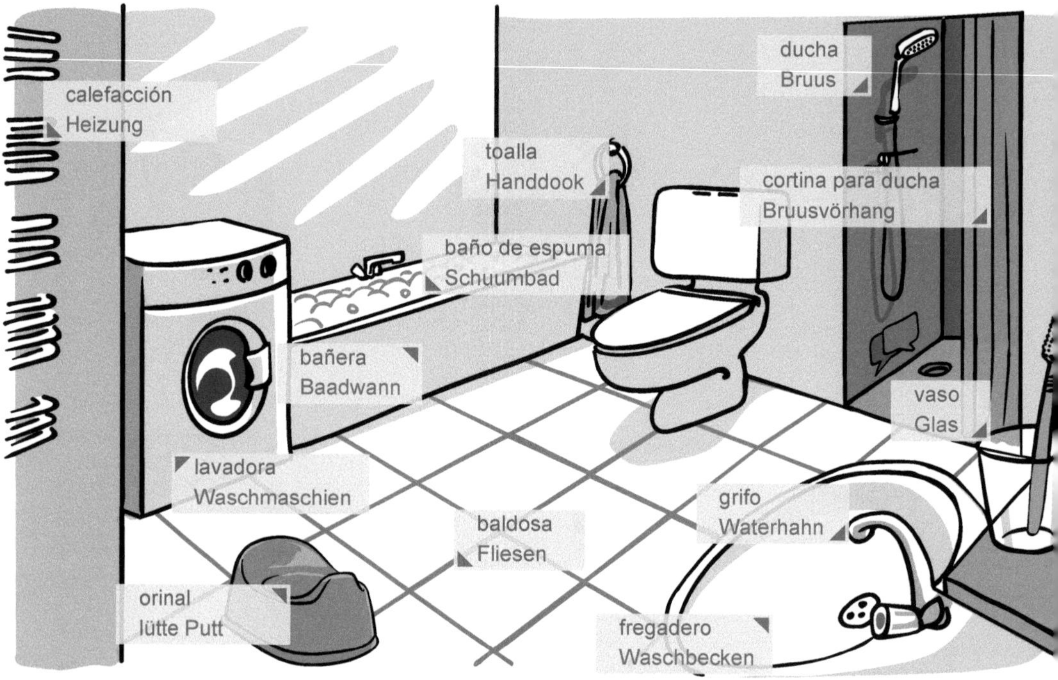
calefacción
Heizung
ducha
Bruus
toalla
Handdook
cortina para ducha
Bruusvörhang
baño de espuma
Schuumbad
bañera
Baadwann
vaso
Glas
lavadora
Waschmaschien
grifo
Waterhahn
baldosa
Fliesen
orinal
lütte Putt
fregadero
Waschbecken

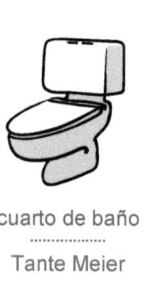

cuarto de baño

Tante Meier

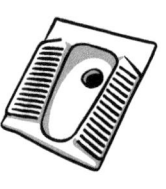

placa turca

Hockklo

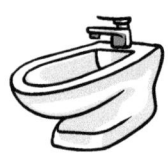

bidé

Bidet

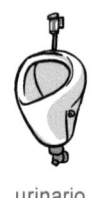

urinario

Miegbecken

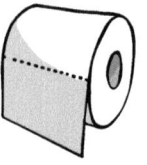

papel higiénico

Klopapeer

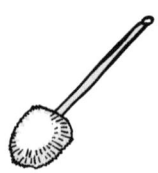

escobilla para el cuarto de baño

Kloböst

cepillo de dientes

Tähnböst

pasta dentífrica

Tähnpast

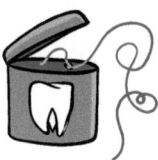

seda dental

Tähnsied

lavar

waschen

ducha teléfono

Handbruus

ducha higiénica

Intimbruus'

cuenco

Waschschöttel

cepillo para la espalda

Rüchböst

jabón

Seep

gel de ducha

Bruusgeel

champú

Hoorwaschmiddel

manopla para baño

Waschlappen

desagüe

Afloop

crema

Creme

desodorante

Deodorant

espejo

Spegel

espejo de maquillaje

Kosmetikspegel

máquina de afeitar

Raserer

espuma de afeitar

Raseerschuum

loción para después del afeitado

Raseerwater

peine

Kamm

cepillo

Böst

secador para cabello

Hoordröger

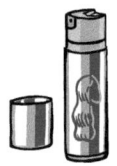

laca de peinado

Hoorspray

maquillaje

Smink

lápiz labial

Lippensticken

laca para uñas

Nagellack

algodón

Watt

tijera para uñas

Nagelscheer

perfume

Rüükwater

neceser

Kulturbüdel

taburete

Schemel

balanza

Waag

bata de baño

Baadmantel

guantes de goma

Gummihanschen

tampón

Tampon

compresa

Damenbinn

wáter químico

Chemieklo

cuarto de los niños

Kinnerstuuv

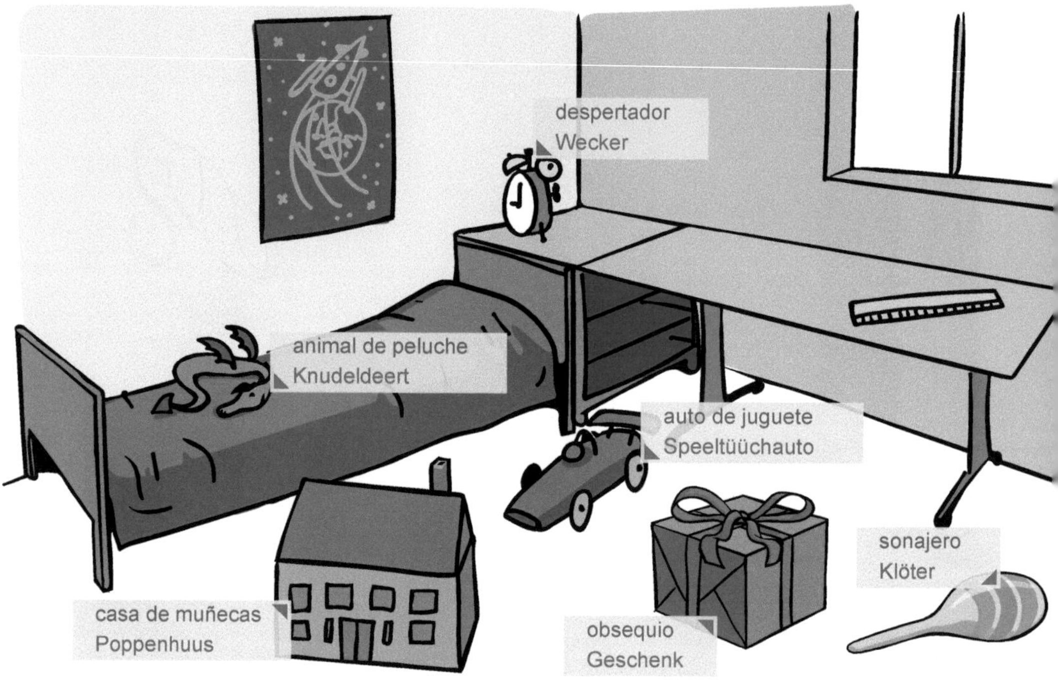
despertador
Wecker
animal de peluche
Knudeldeert
auto de juguete
Speeltüüchauto
sonajero
Klöter
casa de muñecas
Poppenhuus
obsequio
Geschenk

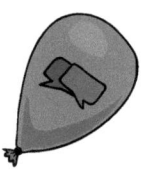

globo

Luftballon

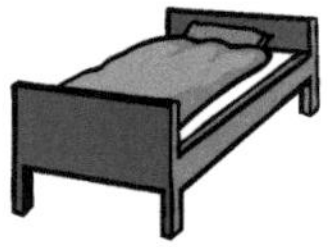

cama

Puuch

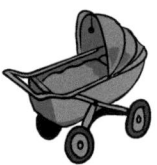

cochecito para niños

Kinnerwagen

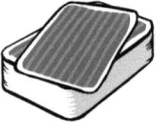

juego de barajas

Koortenspeel

rompecabezas

Puzzle

SUPER
MEGA

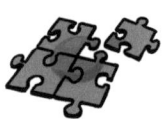

cómic

Billergeschicht

piezas de Lego

Legostenen

bloques para jugar

Bustenen

figura de acción

Action-Figur

pijama de una pieza

Strampelantog

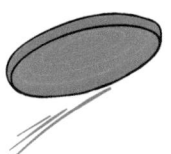

frisbee

Frisbeeschiev

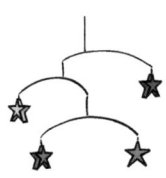

móvil

Mobile

juego de mesa

Brettspeel

dado

Wörpel

tren eléctrico a escala

Modelliesenbahn

chupete

Snuller

fiesta

Party

libro de dibujos

Billerbook

pelota

Ball

títere

Popp

jugar

spelen

arenero

Sandkassen

columpio

Schuckel

juguetes

Speeltüüch

consola de videojuego

Speelkonsool

triciclo

Dreerad

osito de peluche

Teddyboor

guardarropa

Klederschapp

vestimenta
Tüüch

calcetines

Socken

medias

Strümp

panti

Strumpbüx

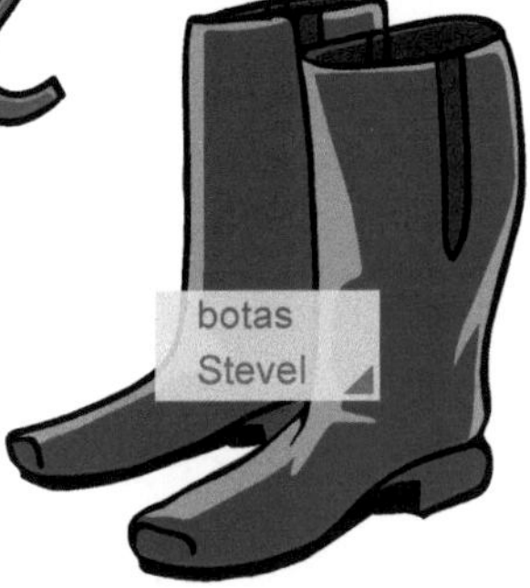

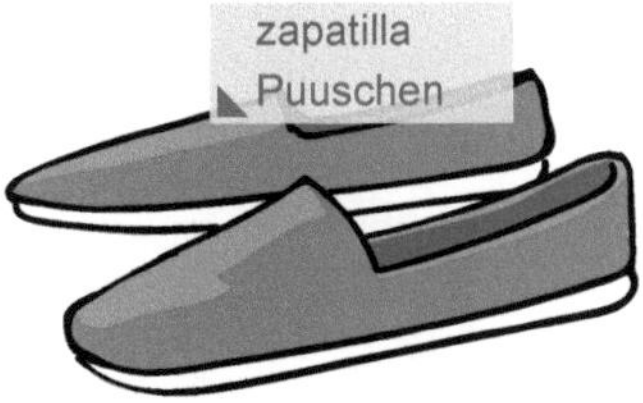

chal
Halsdook

cinturón
Liefreem

paraguas
Paraplü

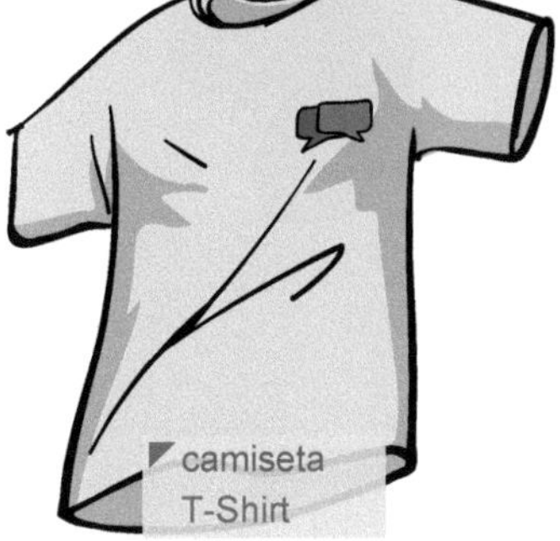

camiseta
T-Shirt

botas
Stevel

zapatilla
Puuschen

deportivas
Turnschoh

sandalias
Sandalen

zapatos
Schoh

botas de goma
Gummistevel

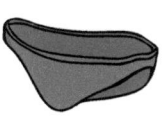

ropa interior
Ünnerbüx

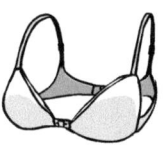

corpiño
Bostholler

camiseta
Ünnerhemd

body
....
Lief

pantalón
....
Büx

jeans
....
Jeansnüx

falda
....
Rock

blusa
....
Bluus

camisa
....
Hemd

pullover
....
Pullover

sweater
....
Kapuzenpullover

blazer
....
Blazer

chaqueta
....
Jack

abrigo
....
Mantel

impermeable
....
Övertrecker

traje chaqueta
....
Kostüm

vestido
....
Kleed

vestido de bodas
....
Hochtietskleed

traje

Antog

camisón

Nachtkleed

pijama

Slaapantog

sari

Sari

pañuelo de cabeza

Koppdook

turbante

Turban

burka

Burka

caftán

Kaftan

abaya

Abaya

traje de baño

Baadantog

bañador

Baadbüx

shorts

Korte Büx

chándal

Antog to'n Öven

delantal

Schört

guante

Handschoh

botón
Knopp

gafa
Brill

brazalete
Armband

cadena
Halskeed

anillo
Ring

aro
Ohrbummel

gorra
Mütz

percha
Klederbögel

sombrero
Hoot

corbata
Binner

cierre a cremallera
Rietslüter

casco
Helm

tiradores
Drachtband

uniforme escolar
Schooluniform

uniforme
Uniform

babero

Severböten

chupete

Snuller

pañal

Winnel

oficina
Büro

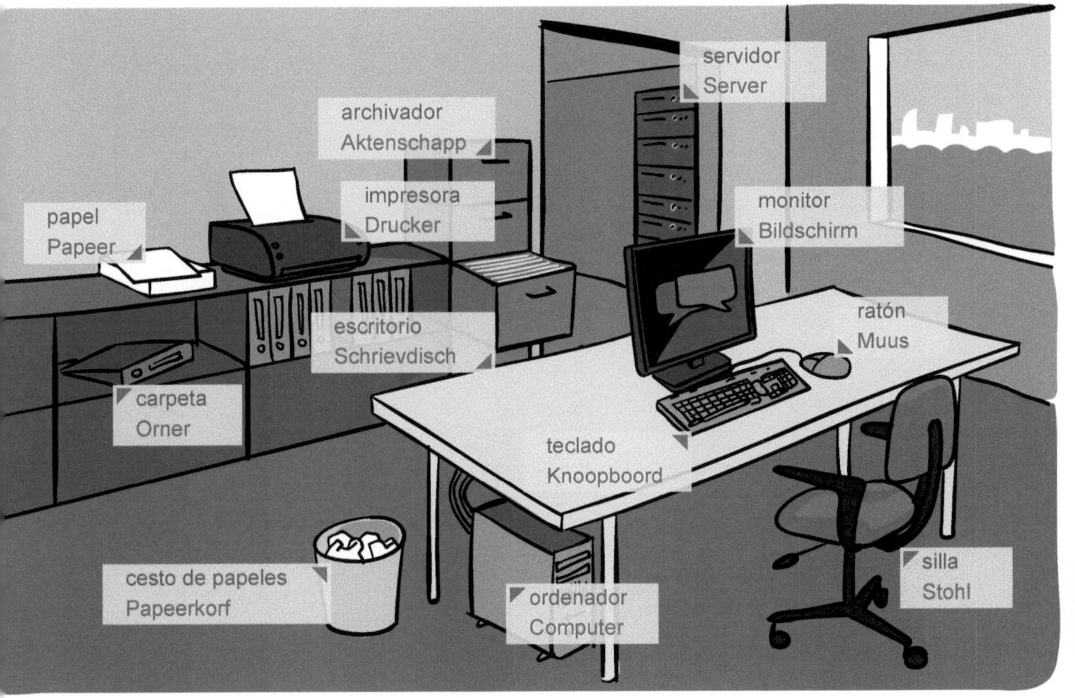

servidor
Server

archivador
Aktenschapp

impresora
Drucker

papel
Papeer

monitor
Bildschirm

ratón
Muus

escritorio
Schrievdisch

carpeta
Orner

teclado
Knoopboord

silla
Stohl

cesto de papeles
Papeerkorf

ordenador
Computer

taza de café

Koffiebeker

calculadora

Taschenreekner

internet

Internet

laptop

Klappreekner

carta

Breef

mensaje

Naricht

teléfono móvil

Ackersnacker

red

Nettwark

fotocopiadora

Kopeerapparat

software

Software

teléfono

Klöönkassen

tomacorriente

Steekdoos

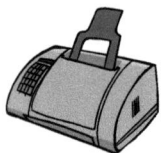

máquina de fax

Faxapparat

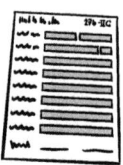

formulario

Formulor

documento

Dokument

comprar
köpen

pagar
betahlen

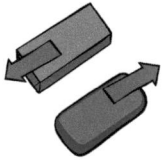

comerciar
hanneln

dinero
Geld

dólar
Dollar

euro
Euro

yen
Yen

rublo
Ruvel

franco
Swiezer Franken

renminbi
Renminbi Yuan

rupia
Rupie

cajero automático
Geldautomat

casa de cambio

Wesselstuuv

oro

Gold

plata

Sülver

petróleo

Ööl

energía

Energie

precio

Pries

contrato

Verdrag

impuesto

Stüer

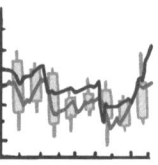

acción

Andeelschien

trabajar

arbeiden

empleado

Anstellte

empleador

Arbeitgever

fábrica

Fabrik

negocio

Hökerie

ocupaciones
Profeschonen

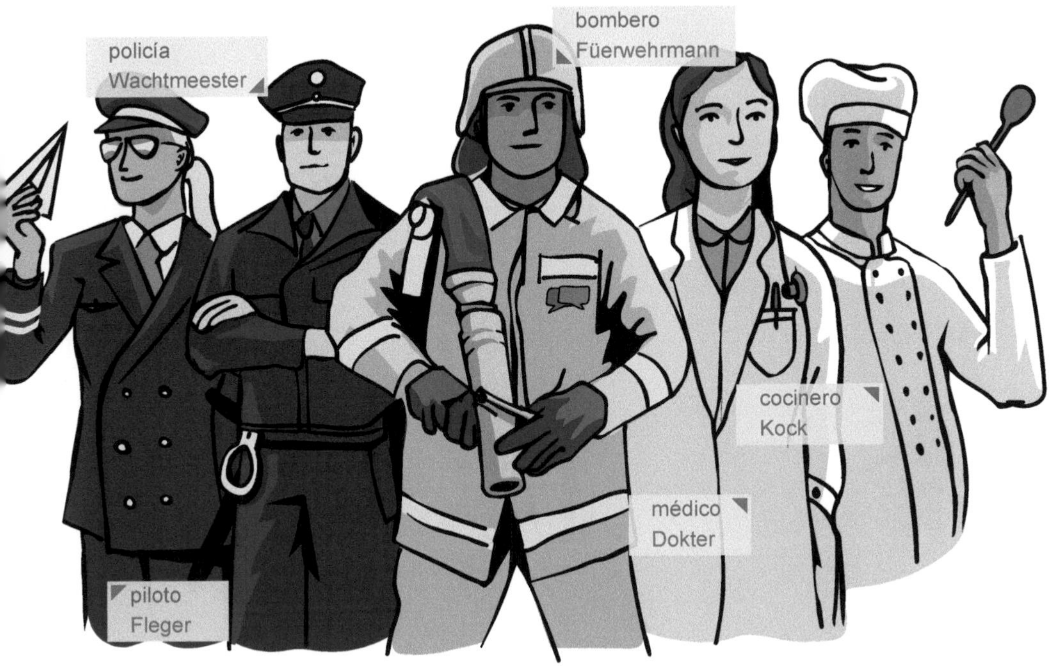

bombero
Füerwehrmann
policía
Wachtmeester
cocinero
Kock
médico
Dokter
piloto
Fleger

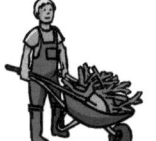

jardinero

Goorner

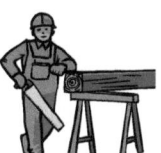

carpintero

Discher

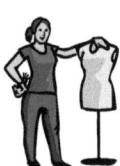

costurera

Neihersche

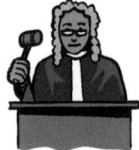

juez

Richter

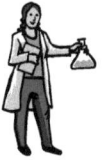

químico

Chemiker

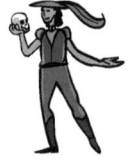

actor

Schauspeler

conductor de autobús

Busfohrer

taxista

Taxifohrer

pescador

Fischer

mujer de la limpieza

Reinmaakfru

techista

Dackdecker

camarero

Kellner

cazador

Jäger

pintor

Maler

panadero

Bäcker

electricista

Elektriker

albañil

Buarbeider

ingeniero

Ingenieur

carnicero

Slachter

fontanero

Klempner

cartero

Postbüdel

soldado

Suldat

arquitecto

Architekt

cajero

Kasserer

florista

Florist

peluquero

Putzbüdel

cobrador

Schaffner

mecánico

Mechaniker

capitán

Kaptein

odontólogo

Tähndokter

científico

Wetenschopler

rabino

Rabbi

imam

Imam

monje

Mönk

párroco

Paap

herramientas
Warktüüch

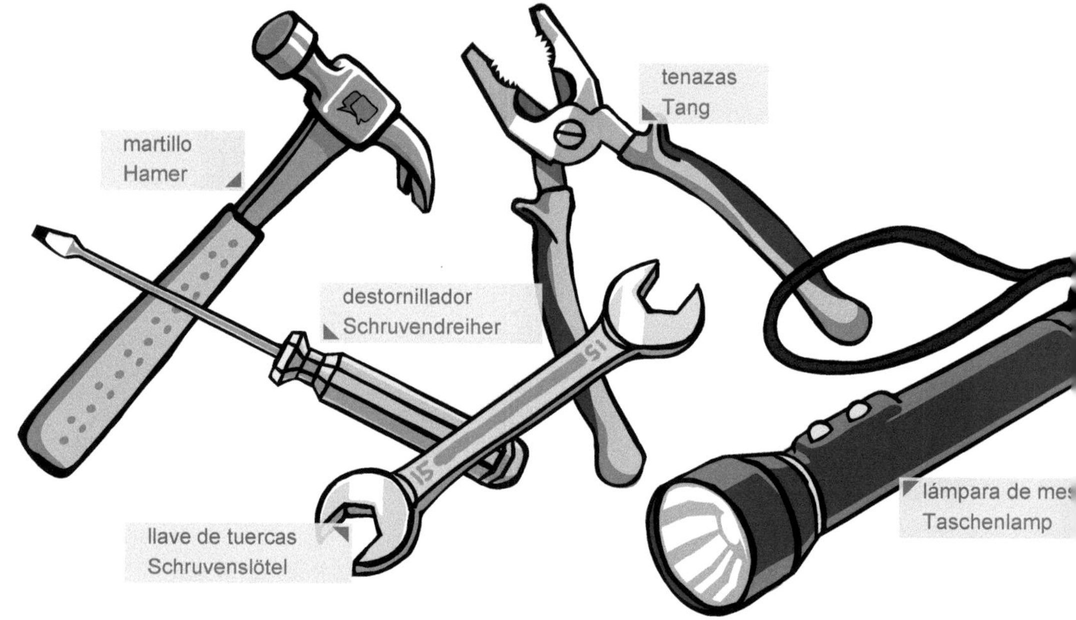

martillo
Hamer
tenazas
Tang
destornillador
Schruvendreiher
llave de tuercas
Schruvenslötel
lámpara de me
Taschenlamp

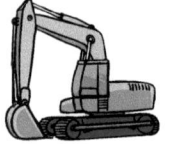

excavadora

Grieper

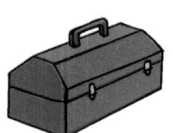

caja de herramientas

Warktüüchkassen

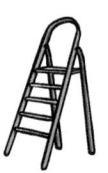

escalerilla

Ledder

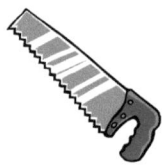

serrucho

Saag

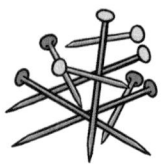

clavos

Nagels

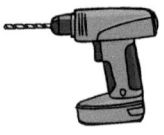

taladro

Bohrer

reparar
heelmaken

pala
Schüffel

¡Maldición!
Schiet!

recogedor
Kehrblick

lata de pintura
Farvpott

tornillos
Schruven

instrumentos musicales
Musikinstrumenten

altavoz
Luutsnacker

batería
Slagtüüch

guitarra
Rietfiedel

contrabajo
Bass-Vigelien

trompeta
Trumpeet

piano

Klaveer

violín

Vigelien

bajo

Bass

timbales

Pauk

tambor

Trummeln

teclado

Keyboard

saxofón

Saxophon

flauta

Fleut

micrófono

Mikrofoon

entrada
Ingang

tigre
Tiger

jaula
Käfig

cebra
Zebra

comida para animales
Deertenfoder

panda
Panda-Boor

animales
Deerten

elefante
Elefant

canguro
Känguru

rinoceronte
Neeshoorn

gorila
Gorilla

oso
Boor

camello

Kameel

avestruz

Struuß

león

Lööv

mono

Aap

flamengo

Flamingo

papagayo

Papagoi

oso polar

Iesboor

pingüino

Pinguin

tiburón

Haifisch

pavo real

Pageluun

serpiente

Slang

cocodrilo

Krokodil

cuidador del zoológico

Oppasser in'n Deertenpark

foca

Saalhund

jaguar

Jaguor

pony
Pony

leopardo
Leopard

hipopótamo
Nilpeerd

jirafa
Giraff

águila
Aadler

jabalí
Wildswien

pescado
Fisch

tortuga
Schildkrööt

morsa
Walross

zorro
Voss

gacela
Gazell

fútbol americano
Amerikaansch Football

ciclismo
Radfohren

tenis
Tennis

baloncesto
Korfball

natación
Swümmen

boxeo
Boxen

hockey sobre hielo
Ieshockey

fútbol
Football

badminton
Fedderball

atletismo
Leichtathletik

balonmano
Handball

esquí
Skilopen

polo
Polo

saltar
springen

reír
lachen

abrazar
ümarmen

cantar
singen

caminar
gahn

rezar
beden

besar
snuteln

soñar
drömen

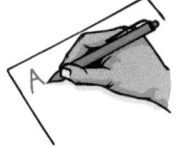

escribir

schrieven

dibujar

teken

mostrar

wiesen

presionar

drücken

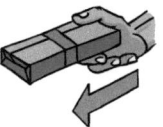

dar

geven

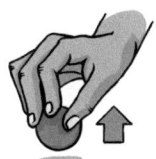

tomar

nehmen

tener

hebben

hacer

doon

ser

sien

estar de pie

stahn

correr

lopen

tirar

trecken

arrojar

smieten

caer

fallen

estar acostado

liggen

esperar

töven

llevar

dregen

estar sentado

sitten

vestirse

antrecken

dormir

slapen

despertar

opwaken

mirar

ankieken

llorar

wenen

acariciar

eien

peinarse

kämmen

conversar

snacken

entender

verstahn

preguntar

fragen

oír

hören

beber

drinken

comer

eten

asear

oprümen

amar

leefhebben

cocinar

kaken

conducir

fohren

volar

flegen

navegar
segeln

calcular
reken

leer
lesen

aprender
lehren

trabajar
arbeiden

casarse
de Plünnen tohoopsmieten

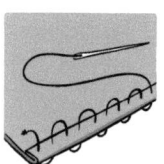

coser
neihen

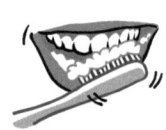

limpiarse los dientes
Tähnen putzen

matar
dootmaken

fumar
smöken

enviar
schicken

familia
Familje

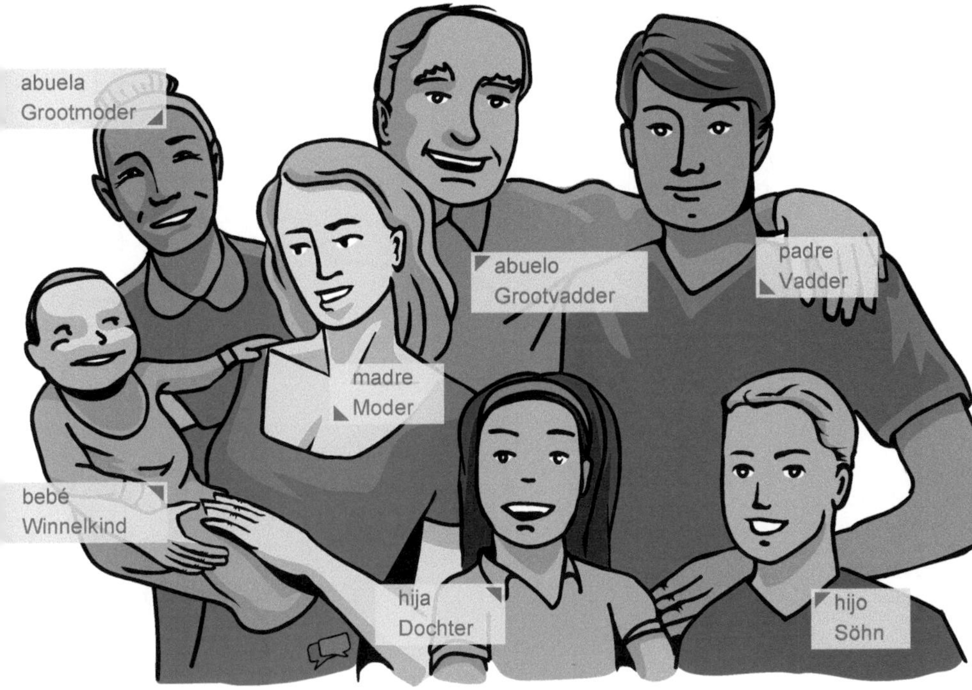
abuela
Grootmoder
abuelo
Grootvadder
padre
Vadder
madre
Moder
bebé
Winnelkind
hija
Dochter
hijo
Söhn

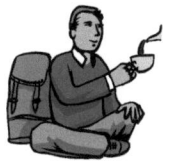

invitado
Gast

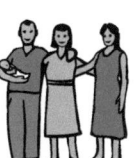

tía
Tant

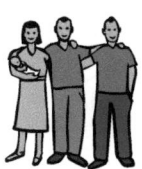

tío
Unkel

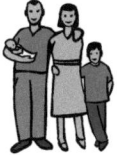

hermano
Broder

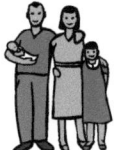

hermana
Süster

cuerpo
Lief

frente
Vörkopp
ojo
Oog
hombro
Schuller
dedo
Finger
cara
Gesicht
barbilla
Kinn
mano
Hand
pierna
Been
pecho
Bost
brazo
Arm

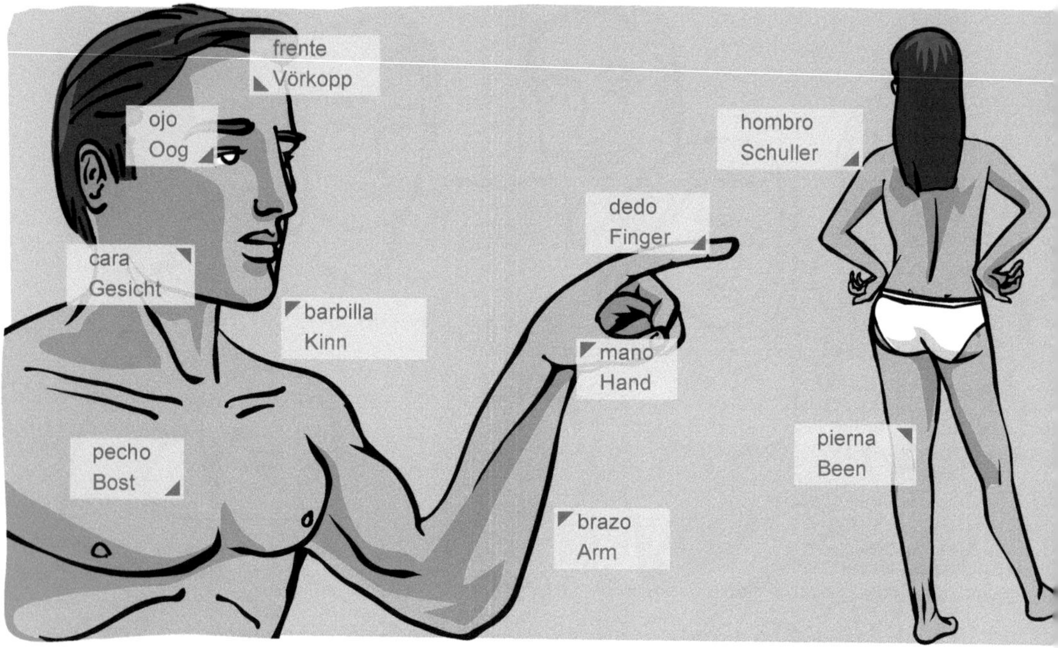

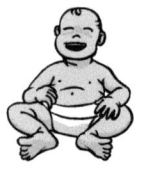

bebé

Winnelkind

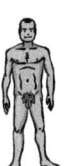

hombre

Mann

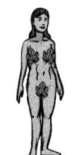

mujer

Fro

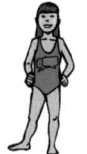

muchacha

Deern

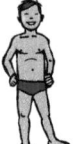

joven

Jung

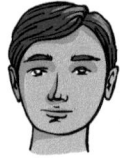

cabeza

Arm

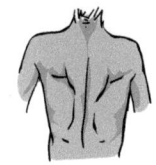

espalda

Rüch

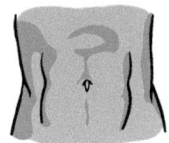

vientre

Buuk

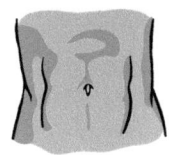

ombligo

Navel

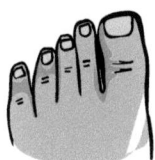

dedo del pie

Teh

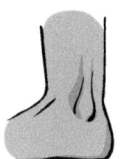

talón

Hack

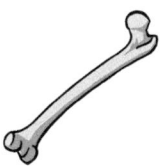

hueso

Knaken

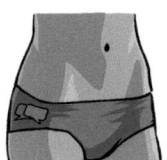

cadera

Hüft

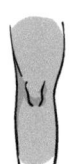

rodilla

Knee

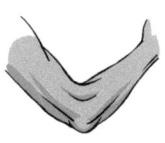

codo

Ellbagen

nariz

Nees

trasero

Achtersen

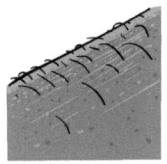

piel

Huut

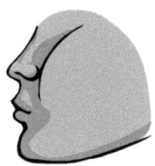

mejilla

Back

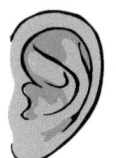

oreja

Ohr

labio

Lipp

boca

Mund

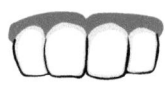

diente

Tähn

lengua

Tung

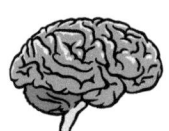

cerebro

Bregen

corazón

Hart

músculo

Muskel

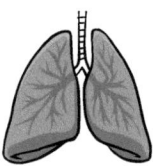

pulmón

Lung

hígado

Lever

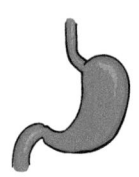

estómago

Maag

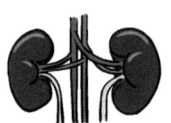

riñones

Neren

relación sexual

Bislaap

condón

Kondoom

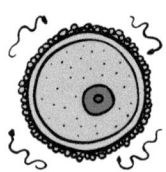

Óvulo

Eizell

esperma

Sperma

embarazo

Anner Ümstänn

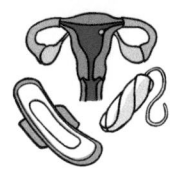

menstruación

Menstruatschoon

vagina

Scheed

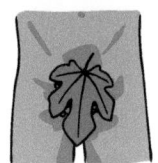

pene

Pint

ceja

Ogenbroe

cabello

Hoor

cuello

Hals

hospital
Krankenhuus

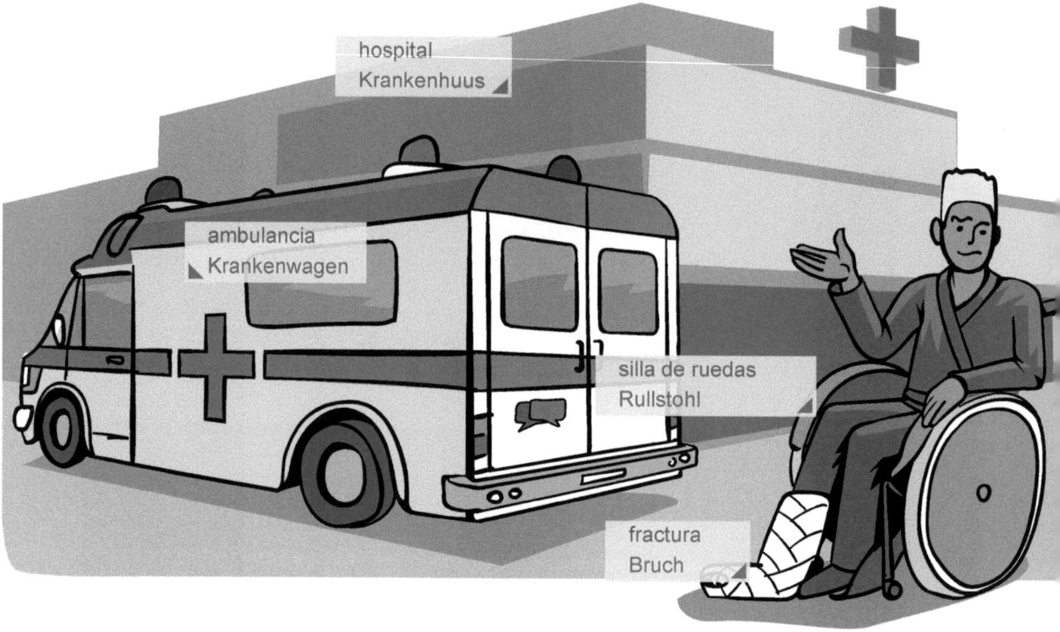

hospital
Krankenhuus
ambulancia
Krankenwagen
silla de ruedas
Rullstohl
fractura
Bruch

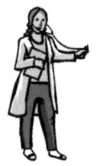

médico

Dokter

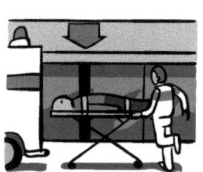

admisión de urgencia

Nootopnahm

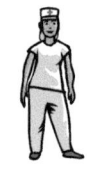

enfermera

Krankensüster

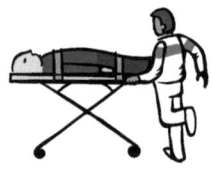

emergencia

Nootfall

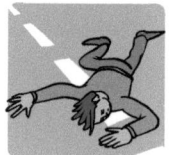

inconsciente

ahnmächtig

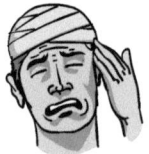

dolor

Wehdaag

lesión

Verwunnen

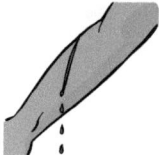

hemorragia

Blöden

infarto de miocardio

Hartinfarkt

apoplejía cerebral

Slaganfall

alergia

Allergie

tos

Hoosten

fiebre

Fever

gripe

Gripp

diarrea

Dörchfall

dolor de cabeza

Koppwehdaag

cáncer

Kreeft

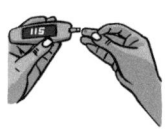

diabetes

Zuckersüük

cirujano

Chirurg

escalpelo

Chirurgsch Mess

operación

Operatschoon

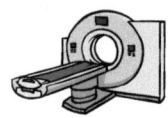

TC
CT

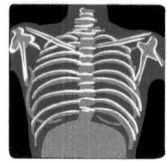

rayos X
Dörchlüchten

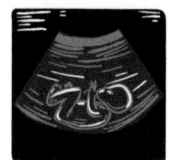

ultrasonido
Ultraschall

máscara
Mask

enfermedad
Krankheit

sala de espera
Töövruum

muleta
Krück

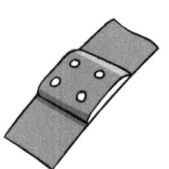

emplasto
Plaaster

vendaje
Verband

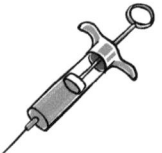

inyección
Insprütten

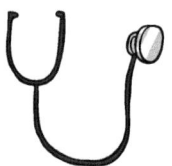

estetoscopio
Stethoskop

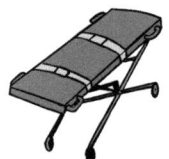

camilla
Draag

termómetro
Feverthermometer

nacimiento
Geboort

sobrepeso
Övergewicht

audífono

Höörapparat

desinfectante

Kiemfriemiddel

infección

Ansteken

virus

Virus

VIH / SIDA

HIV / AIDS

medicina

Heelmiddel

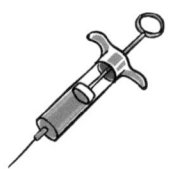

vacunación

Impen

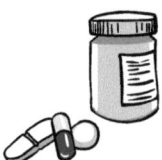

comprimido

Tabletten

píldora anticonceptiva

Pill

llamada de emergencia

Nootroop

medidor de presión arterial

Blootdruck-Meter

enfermo / saludable

krank / gesund

¡Ayuda!

Hölp!

alarma

Alarm

asalto

Överfall

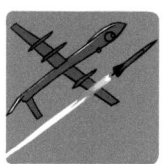

ataque

Angreep

peligro

Gefohr

salida de emergencia

Nootutgang

¡Fuego!

Füer!

extintor

Füerlöscher

accidente

Unfall

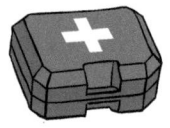

kit de primeros auxilios

Noothölpkoffer

SOS

SOS

Policía

Polizei

Europa

Europa

América del Norte

Noordamerika

América del Sur

Süüdamerika

África

Afrika

Asia

Asien

Australia

Australien

Atlántico

Atlantik

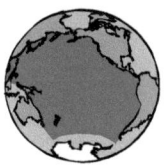

Pacífico

Pazifik

Océano Índico

Indisch Weltmeer

Océano Antártico

Antarktisch Weltmeer

Océano Ártico

Arktisch Weltmeer

Polo Norte

Noordpol

Polo Sur

Süüdpol

Antártida

Antarktis

Tierra

Eerd

país

Land

mar

See

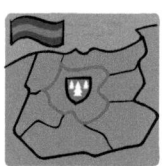

isla

Eiland

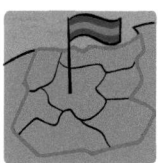

nación

Natschoon

Estado

Staat

cuadrante

Tallenblatt

horario

Stunnenwieser

minutero

Minutenwieser

segundero

Sekunnenwieser

¿Qué hora es?

Wo laat is dat?

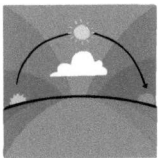

día

Dag

tiempo

Tiet

ahora

nu

reloj digital

digetaalsch Klock

minuto

Minuut

hora

Stunn

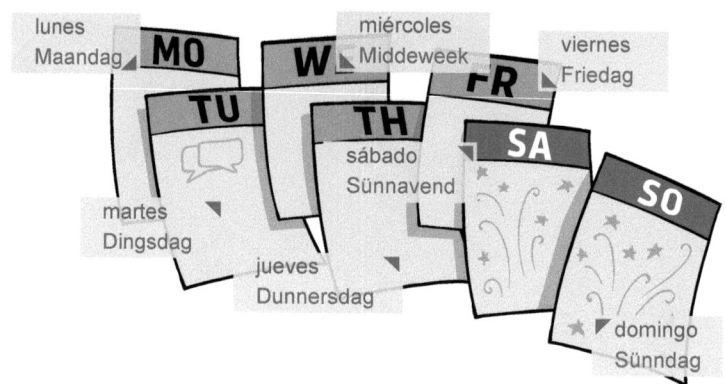

lunes / Maandag — MO
miércoles / Middeweek — W
viernes / Friedag — FR
martes / Dingsdag — TU
jueves / Dunnersdag — TH
sábado / Sünnavend — SA
domingo / Sünndag — SO

ayer

güstern

hoy

hüüt

mañana

morgen

mañana

Morgen

mediodía

Meddag

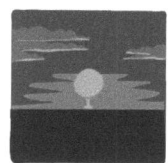

tarde

Avend

MO	TU	WE	TH	FR	SA	SU
1	2	3	4	5	6	7
8	9	10	11	12	13	14
15	16	17	18	19	20	21
22	23	24	25	26	27	28
29	30	31	1	2	3	4

jornada de trabajo

Arbeitsdaag

MO	TU	WE	TH	FR	SA	SU
1	2	3	4	5	6	7
8	9	10	11	12	13	14
15	16	17	18	19	20	21
22	23	24	25	26	27	28
29	30	31	1	2	3	4

fin de semana

Wekenenn

año

Johr

lluvia
Regen
arco iris
Regenbagen
nieve
Snee
viento
Wind
primavera
Fröhjohr
otoño
Harvst
verano
Sommer
invierno
Winter

4.APRIL 11°
5.APRIL 4°
6.APRIL 13°
7.APRIL 8°
8.APRIL 10°

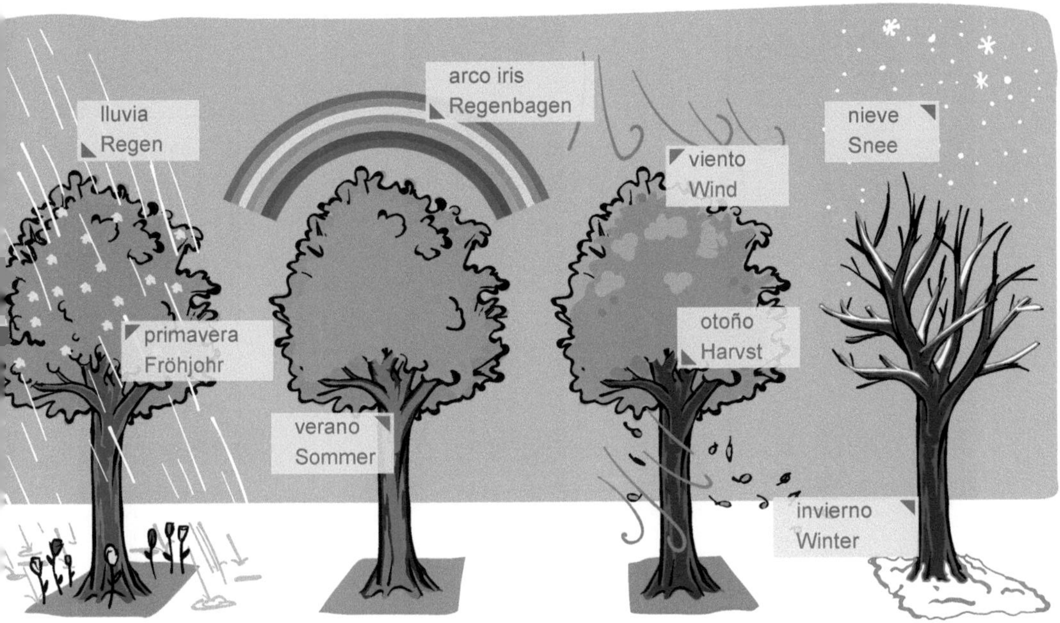

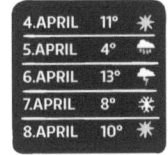

pronóstico meteorológico

Wedervörhersaag

F C
120 40
90 30
60 20
30 10
0 0
-30 -10
-20

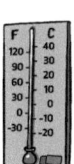

termómetro

Thermometer

luz solar

Sünnenschien

nube

Wulk

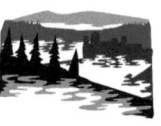

niebla

Nevel

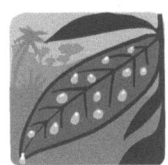

humedad ambiente

Luftfuchtigkeit

relámpago

Blitz

trueno

Dunner

tormenta

Storm

granizo

Hagel

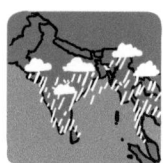

monzón

Monsun

inundación

Floot

hielo

Ies

enero

Januormaand

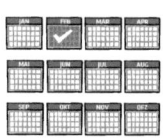

febrero

Februormaand

marzo

Martmaand

abril

Aprilmaand

mayo

Maimaand

junio

Junimaand

julio

Julimaand

agosto

Augustmaand

82   año - Johr

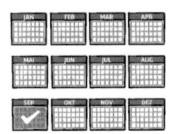

septiembre

Septembermaand

octubre

Oktobermaand

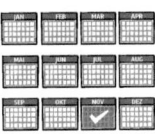

noviembre

Novembermaand

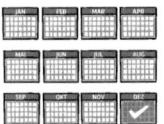

diciembre

Dezembermaand

formas
Formen

círculo

Krink

cuadrado

Quadrat

rectángulo

Rechteck

triángulo

Dreeeck

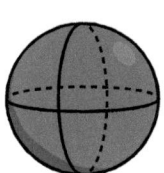

esfera

Kugel

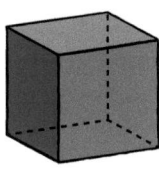

cubo

Wörpel

blanco

witt

amarillo

geel

anaranjado

orangsch

rosa

pink

rojo

root

lila

lila

azul

blau

verde

gröön

marrón

bruun

gris

gries

negro

swart

mucho / poco

veel / wenig

enojado / calmado

böös / verdreeglich

bonito / feo

smuck / mies

comienzo / fin

Begünn / Enn

grande / pequeño

groot / lütt

claro / oscuro

hell / düüster

hermano / hermana

Broder / Süster

limpio / sucio

schier / schietig

completo / incompleto

kumpleet / nich kumpleet

día / noche

Dag / Nacht

muerto / vivo

doot / lebennig

ancho / angosto

breet / small

disfrutable / no disfrutable

geneetbor / nich geneetbor

malo / amigable

böös / fründlich

excitado / aburrido

fickerig / langwielt

gordo / delgado

dick / dünn

primero / último

toeerst / toletzt

amigo / enemigo

Fründ / Fiend

lleno / vacío

vull / leddig

duro / suave

hart / week

pesado / liviano

swoor / licht

hambre / sed

Smacht / Döst

enfermo / saludable

krank / gesund

ilegal / legal

nich na't Recht / na't Recht

inteligente / tonto

klook / dummerhaftig

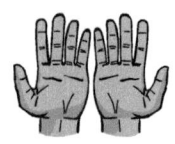

izquierda / derecha

linkerhand / rechterhand

cercano / lejano

neeg / feern

nuevo / usado

nieg / bruukt

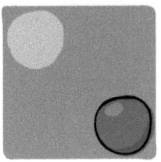

nada / algo

nix / wat

viejo / joven

oolt / jung

encendido / apagado

an / ut

abierto / cerrado

apen / slaten

bajo / fuerte

lies / luut

rico / pobre

riek / arm

correcto / incorrecto

richtig / verkehrt

áspero / liso

ruug / glatt

triste / alegre

trurig / glücklich

breve / extenso

kort / lang

lento / veloz

suutje / flink

mojado / seco

natt / dröög

caliente / frío

warm / köhl

guerra / paz

Krieg / Freden

0

cero

null

1

uno

een

2

dos

twee

3

tres

dree

4

cuatro

veer

5

cinco

fief

6

seis

söss

7

siete

söven

8

ocho

acht

9

nueve

negen

10

diez

teihn

11

once

ölven

12
doce

twölf

13
trece

dörteihn

14
catorce

veerteihn

15
quince

föffteihn

16
dieciséis

sössteihn

17
diecisiete

söventeihn

18
dieciocho

achtteihn

19
diecinueve

negenteihn

20
veinte

twintig

100
cien

hunnert

1.000
mil

dusend

1.000.000
millón

million

inglés

Engelsch

inglés estadounidense

Amerikaansch Engelsch

chino mandarín

Chineesch Mandarin

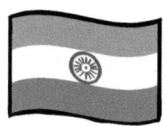

hindi

Hindi

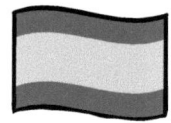

español

Spaansch

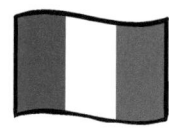

francés

Franzöösch

árabe

Araabsch

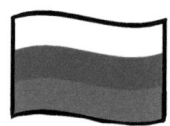

ruso

Rusch

portugués

Portugiesch

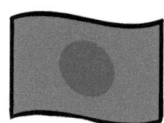

bengalí

Bengaalsch

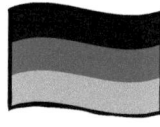

alemán

Düütsch

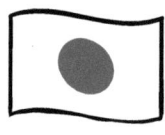

japonés

Japaansch

yo

ik

tú

du

él / ella

he / se / dat

nosotros

wi

vosotros

ji

ellos

se

¿quién?

keen?

¿qué?

wat?

¿cómo?

woans?

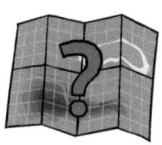

¿dónde?

woneem?

¿cuándo?

wannehr?

nombre

Naam

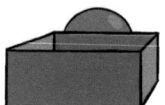

detrás

achter

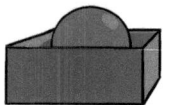

en

in

delante de

vör

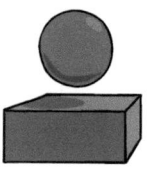

encima de

över

sobre

op

debajo de

ünner

junto a

blangen

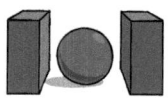

entre

twüschen

lugar

Oort